围炉夜话

[清]王永彬 著

炉边围坐，灯火可亲。

闲话人生，洞然世事。

古吴轩出版社

图书在版编目（CIP）数据

围炉夜话 /（清）王永彬著. -- 苏州 ：古吴轩出版社，2020.6（2021.5重印）
ISBN 978-7-5546-1537-9

Ⅰ. ①围… Ⅱ. ①王… Ⅲ. ①个人－修养－中国－清代②《围炉夜话》－注释 Ⅳ. ①B825

中国版本图书馆CIP数据核字（2020）第037121号

责任编辑：顾 熙
策 划：村 上 张芳芳
装帧设计：侯茗轩

书 名：围炉夜话
著 者：[清]王永彬
出版发行：古吴轩出版社
地址：苏州市八达街118号苏州新闻大厦30F 邮编：215123
电话：0512-65233679 传真：0512-65220750
出 版 人：尹剑峰
印 刷：天宇万达印刷有限公司
开 本：889×1194 1/32
印 张：7
版 次：2020年6月第1版
印 次：2021年5月第2次印刷
书 号：ISBN 978-7-5546-1537-9
定 价：45.00元

序

寒夜围炉，田家妇子之乐也。顾篝灯坐对，或默默然无一言，或嘻嘻然言非所宜言，皆无所谓乐，不将虚此良夜乎？余识字农人也，岁晚务闲，家人聚处，相与烧煨山芋，心有所得，辄述诸口，命儿辈缮写存之，题曰《围炉夜话》。但其中皆随得随录，语无伦次且意浅辞芜，多非信心之论，特以课家人消永夜耳，不足为外人道也。倘蒙有道君子惠而正之，则幸甚。

咸丰甲寅二月既望

王永彬书于桥西馆之一经堂

第一则

教子弟于幼时，便当有正大光明气象；

检身心于平日，不可无忧勤惕厉功夫。

▸检：反省。

▸惕厉：警惕激励。

第二则

与朋友交游，须将他好处留心学来，方能受益；
对圣贤言语，必要我平时照样行去，才算读书。

第三则

贫无可奈惟求俭，拙亦何妨只要勤。

第四则

稳当话，却是平常话，所以听稳当话者不多；

本分人，即是快活人，无奈做本分人者甚少。

第五则

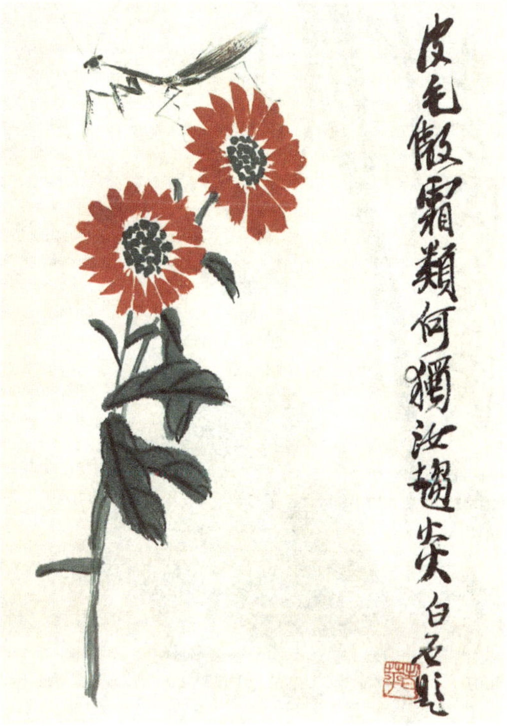

处事要代人作想，读书须切己用功。

▶切己：切身。

第六则

一“信”字是立身之本，所以人不可无也；

一“恕”字是接物之要，所以终身可行也。

▸立身：立足，安身。

▸接物：接触外物，引申为交往、交际。

第七则

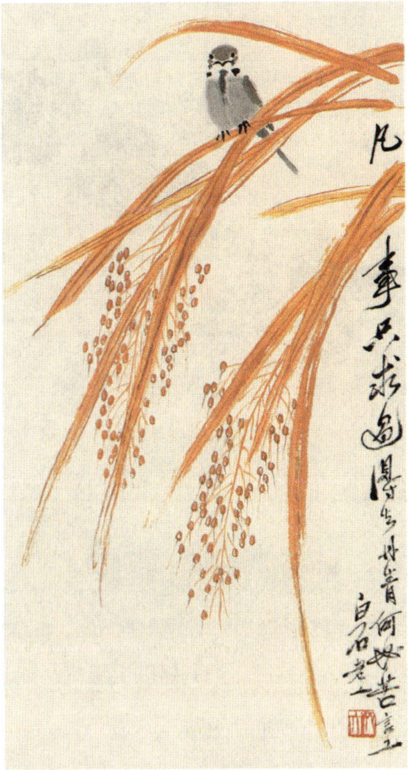

人皆欲会说话，苏秦乃因会说而杀身；

人皆欲多积财，石崇乃因积财而丧命。

▶苏秦：战国时著名的纵横家、谋略家，能言善辩，后与齐大夫争宠，遇刺而死。

▶石崇：西晋官员、巨富，生活豪奢，后被孙秀借故杀死。

第八则

教小儿宜严，严气足以平躁气；

待小人宜敬，敬心可以化邪心。

▸严气：刚正之气。

第九则

善谋生者，但令长幼内外勤修恒业，而不必富其家；

善处事者，但就是非可否审定章程，而不必利于己。

▸但：只。

▸恒业：恒久稳定的事业。

第一〇则

名利之不宜得者竟得之，福终为祸；

困穷之最难耐者能耐之，苦定回甘。

生资之高在忠信，非关机巧；

学业之美在德行，不仅文章。

▶生资：资质、天分。

▶机巧：投机取巧。

第一一则

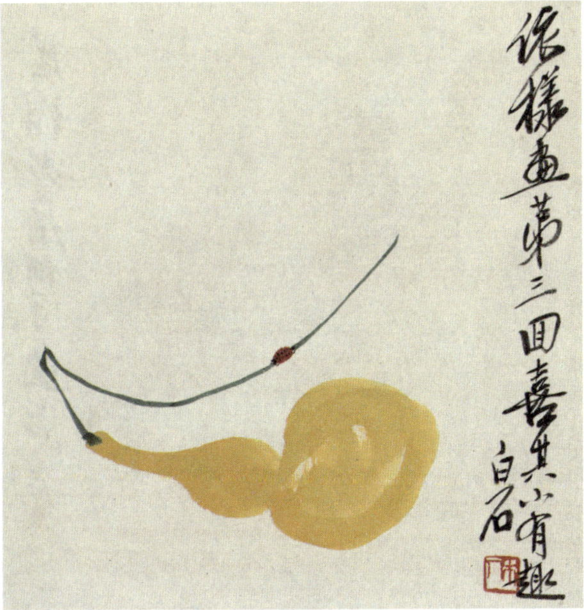

风俗日趋于奢淫，靡所底止，安得有敦古朴之君子，力挽江河；人心日丧其廉耻，渐至消亡，安得有讲名节之大人，光争日月。

▸靡所底止：没有止境。

▸敦：笃厚。

▸大人：有才德的人。

▸光争日月：与日月争辉。

第一二则

人心统耳目官骸，而于百体为君，必随处见神明之宰；人面合眉眼鼻口，以成一字曰苦，知终身无安逸之时。

▸官骸：五官和身体。

第一三则

伍子胥报父兄之仇而郢都火，

申包胥救君上之难而楚国存，

可知人心之恃也；

秦始皇灭东周之岁而刘季生，

梁武帝灭南齐之年而侯景降，

可知天道好还也。

▸郢（Yǐng）都：春秋时楚国都城。

▸刘季：汉高祖刘邦，字季。

第一四则

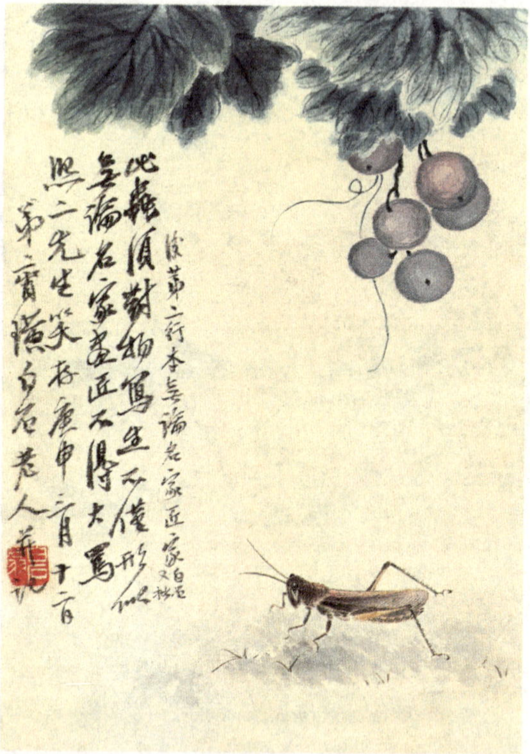

有才必韬藏，如浑金璞玉，暗然而日章也；

为学无间断，如流水行云，日进而不已也。

第一五则

积善之家，必有余庆；积不善之家，必有余殃。

可知积善以遗子孙，其谋甚远也。

贤而多财，则损其志；愚昧而多财，则益其过。

可知积财以遗子孙，其害无穷也。

▶殃：祸患。

第一六则

每见待子弟严厉者易至成德，姑息者多有败行，

则父兄之教育所系也。

又见有子弟聪颖者忽入下流，庸愚者转为上达，

则父兄之培植所关也。

人品之不高，总为一“利”字看不破；

学业之不进，总为一“懒”字丢不开。

德足以感人，而以有德当大权，其感尤速；

财足以累己，而以有财处乱世，其累尤深。

▶上达：上进。

第一七则

读书无论资性高低，但能勤学好问，
凡事思一个所以然，自有义理贯通之日；
立身不嫌家世贫贱，但能忠厚老成，
所行无一毫苟且处，便为乡党仰望之人。

▸乡党：同乡、乡亲。

第一八则

孔子何以恶乡愿，只为他似忠似廉，无非假面孔；

孔子何以弃鄙夫，只因他患得患失，尽是俗人心肠。

▸乡愿：指貌似谨厚，而实与流俗合污的伪善者。

第一九则

打算精明，自谓得计，然败祖父之家声者，必此人也；朴实浑厚，初无甚奇，然培子孙之元气者，必此人也。

第二〇则

心能辨是非，处事方能决断；

人不忘廉耻，立身自不卑污。

第二一则

忠有愚忠，孝有愚孝，

可知“忠孝”二字，不是伶俐人做得来；

仁有假仁，义有假义，

可知“仁义”两行，不无奸恶人藏其内。

第二二则

权势之徒，虽至亲亦作威福，

岂知烟云过眼，已立见其消亡；

奸邪之辈，即平地亦起风波，

岂知神鬼有灵，不肯听其颠倒。

第二三则

自家富贵，不着意里，

人家富贵，不着眼里，

此是何等胸襟！

古人忠孝，不离心头，

今人忠孝，不离口头，

此是何等志量！

▶不着意里：不放在心上。

第二四则

王者不令人放生，而无故却不杀生，则物命可惜也；圣人不责人无过，惟多方诱之改过，庶人心可回也。

▸可惜：应该珍惜。

▸庶：差不多。

第二五则

大丈夫处事，论是非，不论祸福；

士君子立言，贵平正，尤贵精详。

▶立言：著书立说。

第二六则

求科名之心者，未必有琴书之乐；

讲性命之学者，不可无经济之才。

▸科名：指在科考中取得功名。

▸经济：经国济民。

第二七则

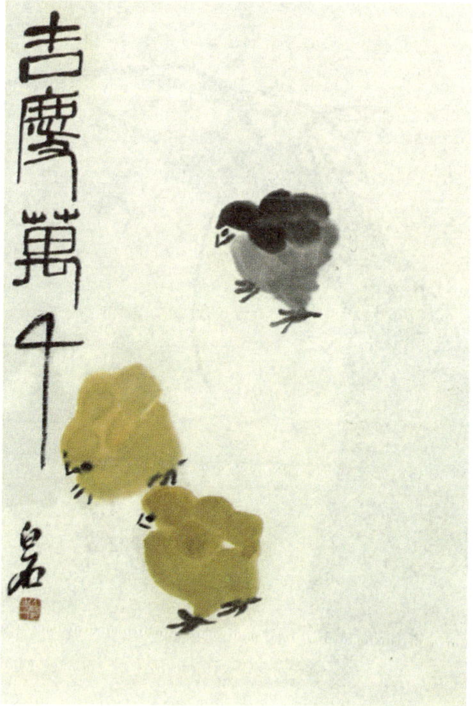

泼妇之啼哭怒骂，伎俩要亦无多，

惟静而镇之，则自止矣；

谗人之簸弄挑唆，情形虽若甚迫，

苟淡然置之，是自消矣。

第二八则

肯救人坑坎中，便是活菩萨；
能脱身牢笼外，便是大英雄。

▸坑坎：原指坑洼不平的道路，喻指艰难的处境。

第二九则

气性乖张，多是夭亡之子；

语言深刻，终为薄福之人。

第三〇则

志不可不高，志不高，则同流合污，无足有为矣；

心不可太大，心太大，则舍近图远，难期有成矣。

第三一则

贫贱非辱，贫贱而谄求于人为辱；

富贵非荣，富贵而利济于世为荣。

讲大经纶，只是实实落落；

有真学问，决不怪怪奇奇。

第三二则

古人比父子为桥梓，比兄弟为花萼，比朋友为芝兰，
敦伦者，当即物穷理也；
今人称诸生曰秀才，称贡生曰明经，称举人曰孝廉，
为士者，当顾名思义也。

▸桥梓：又作“乔梓”，乔、梓均为木名，用来指代父子关系。

▸芝兰：香草名，用来比喻朋友。

第三三则

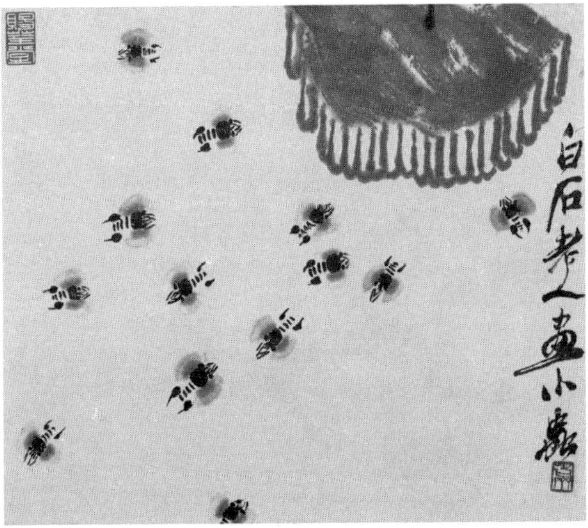

父兄有善行，子弟学之或不肖；

父兄有恶行，子弟学之则无不肖；

可知父兄教子弟，必正其身以率之，无庸徒事言词也。

君子有过行，小人嫉之不能容；

君子无过行，小人嫉之亦不能容；

可知君子处小人，必平其气以待之，不可稍形激切也。

第三四则

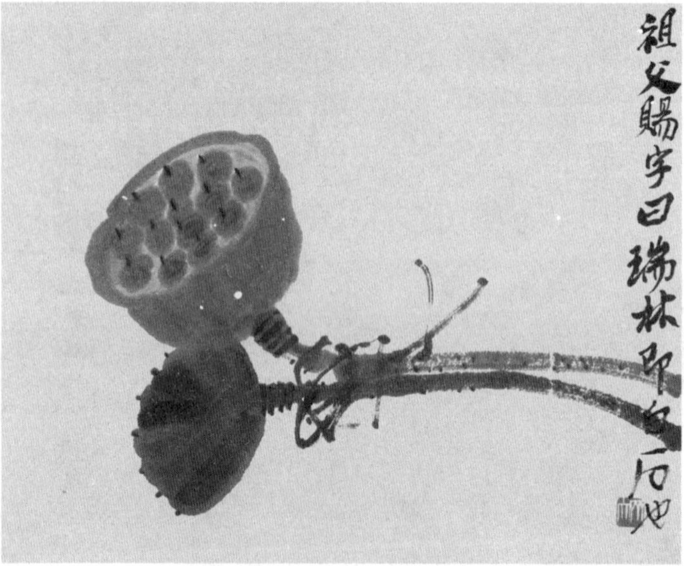

守身不敢妄为，恐贻羞于父母；

创业还需深虑，恐贻害于子孙。

第三五则

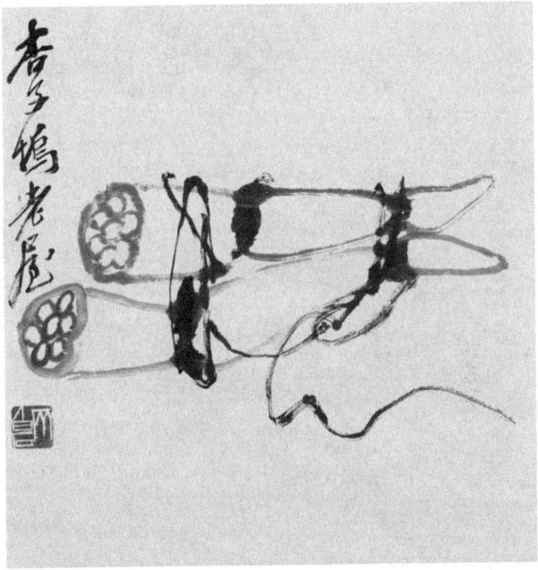

无论做何等人，总不可有势利气；

无论习何等业，总不可有粗浮心。

第三六则

知道自家是何等身份，则不敢虚骄矣；

想到他日是那样下场，则可以发愤矣。

第三七则

常人突遭祸患，可决其再兴，心动于警励也；

大家渐及消亡，难期其复振，势成于因循也。

▶大家：权贵鼎盛之家。

第三八则

天地无穷期，生命则有穷期，去一日便少一日；

富贵有定数，学问则无定数，求一分便得一分。

第三九则

处事有何定凭？但求此心过得去。

立业无论大小，总要此身做得来。

第四〇则

气性不和平，则文章事功俱无足取；

语言多矫饰，则人品心术尽属可疑。

第四一则

误用聪明，何若一生守拙；

滥交朋友，不如终日读书。

第四二则

看书须放开眼孔，做人要立定脚跟。

第四三则

严近乎矜，然严是正气，矜是乖气，

故持身贵严，而不可矜。

谦似乎谄，然谦是虚心，谄是媚心，

故处世贵谦，而不可谄。

▶矜：矜持，拘谨。

第四四则

财不患其不得，患财得而不能善用其财；

禄不患其不来，患禄来而不能无愧其禄。

第四五则

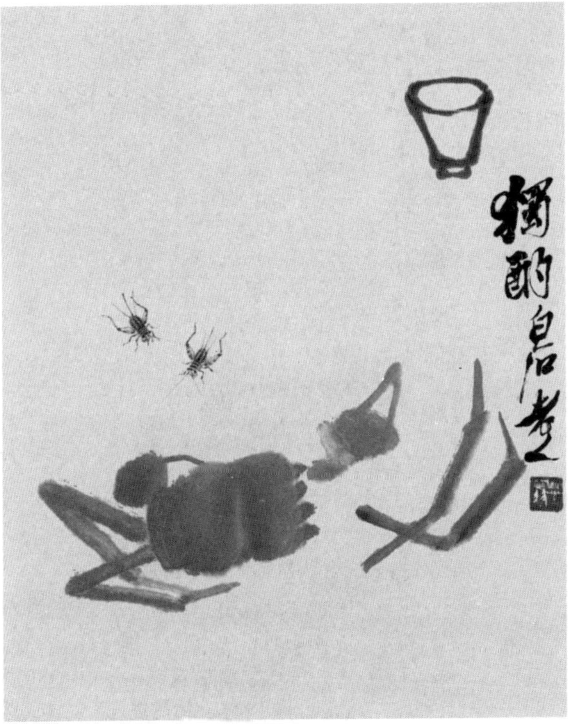

交朋友增体面，不如交朋友益身心；

教子弟求显荣，不如教子弟立品行。

第四六则

君子存心，但凭忠信，而妇孺皆敬之如神，所以君子落得为君子；小人处世，尽设机关，而乡党皆避之若鬼，所以小人枉做了小人。

▶存心：居心。

第四七则

求个良心管我，留些余地处人。

第四八则

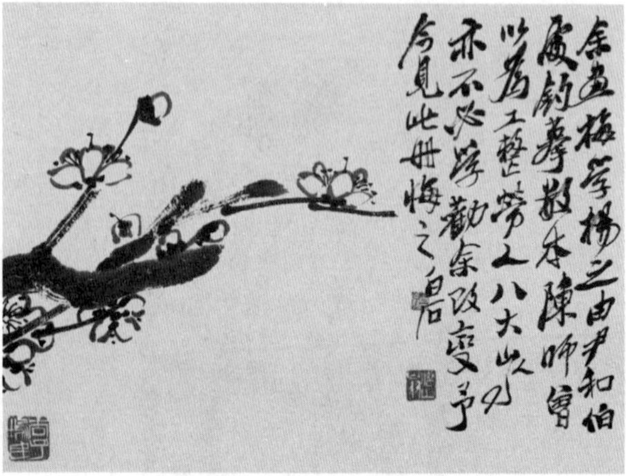

一言足以召大祸，故古人守口如瓶，惟恐其覆坠也；一行足以玷终身，故古人饬躬若璧，惟恐有瑕疵也。

▸召：通“招”，招致。

▸覆坠：倾覆。

▸饬（chì）躬：正己，正身。饬，整顿。

第四九则

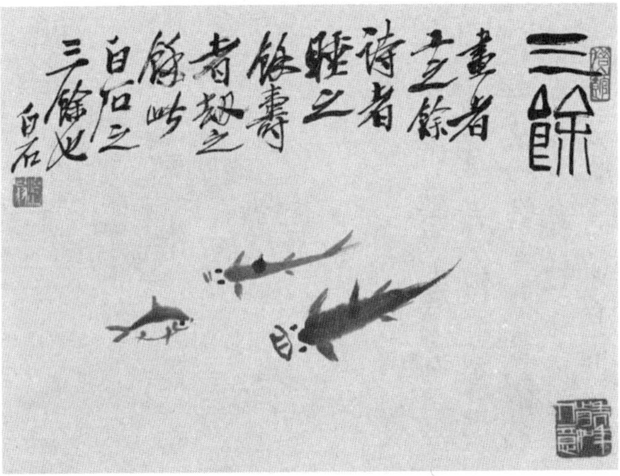

颜子之不校，孟子之自反，是贤人处横逆之方；

子贡之无谄，原思之坐弦，是贤人守贫穷之法。

▸颜子之不校：语出《论语·泰伯》：“有若无，实若虚，犯而不校。”指颜回对无理的行为不计较。颜子，名回，春秋时鲁国人，孔子弟子，以德行著称。

▸孟子之自反：语出《孟子·离娄下》：“有人于此，其待我以横逆，则君子必自反也。”指孟子面对横暴行为会自我反省。孟子，战国时邹（今山东邹城）人，著名的思想家，儒家学派代表人物，被尊为“亚圣”。

▸子贡之无谄：语出《论语·学而》：“子贡曰：‘贫而无谄，富而无骄，何如？’”指子贡处困穷而不谄媚。子贡，春秋时卫国人，孔子弟子。

▸原思之坐弦：原思处困穷则安坐弹琴。原思，春秋时鲁国人，孔子弟子。

第五〇则

观朱霞，悟其明丽；观白云，悟其卷舒；

观山岳，悟其灵奇；观河海，悟其浩瀚，

则俯仰间皆文章也。

对绿竹，得其虚心；对黄华，得其晚节；

对松柏，得其本性；对芝兰，得其幽芳，

则游览处皆师友也。

▸黄华：菊花。

第五一则

行善济人，人遂得以安全，即在我亦为快意；

逞奸谋事，事难必其稳便，可惜他徒自坏心。

第五二则

不镜于水，而镜于人，则吉凶可鉴也；
不蹶于山，而蹶于垤，则细微宜防也。

▶镜于水：以水为镜。

▶蹶（jué）：跌倒。

▶垤（dié）：小土丘。

第五三则

凡事谨守规模，必不大错；

一生但足衣食，便称小康。

第五四则

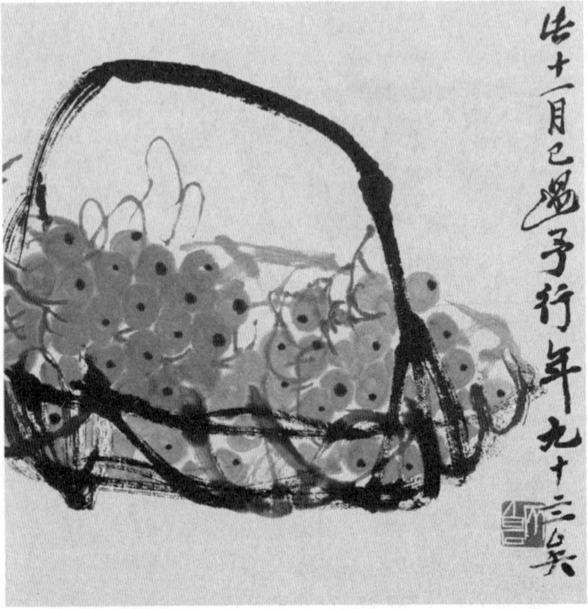

十分不耐烦，乃为人之大病；

一味学吃亏，是处事之良方。

第五五则

习读书之业，使当知读书之乐；

存为善之心，不必邀为善之名。

第五六则

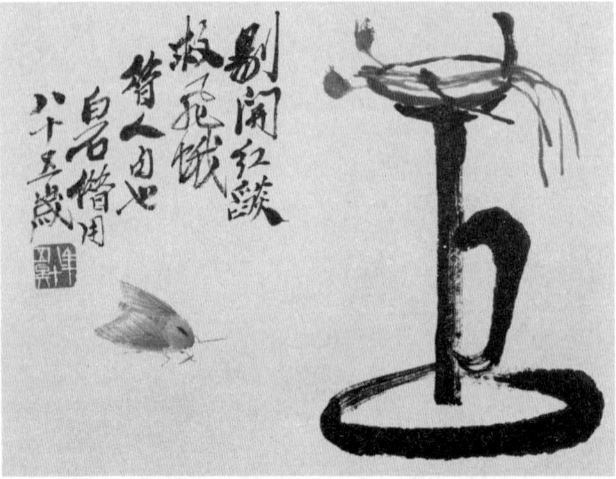

知往日所行之非，则学日进矣；

见世人可取者多，则德日进矣。

第五七则

敬他人，即是敬自己；

靠自己，胜于靠他人。

第五八则

见人善行，多方赞成，见人过举，多方提醒，此长者待人之道也。闻人誉言，加意奋勉，闻人谤语，加意警惕，此君子修己之功也。

第五九则

奢侈足以败家，悭吝亦足以败家。

奢侈之败家，犹出常情；

而悭吝之败家，必遭奇祸。

庸愚足以覆事，精明亦足以覆事。

庸愚之覆事，犹为小咎；

而精明之覆事，必见大凶。

▶悭（qiān）吝：吝啬。

第六〇则

种田人，改习尘市生涯，定为败路；

读书人，干与衙门词讼，便入下流。

▸尘市：原指城镇、城市，引申指市场上的商务活动。

▸干与：参与。

第六一则

常思某人境界不及我，某人命运不及我，则可以知足矣；常思某人德业胜于我，某人学问胜于我，则可以自惭矣。

第六二则

读《论语》公子荆一章，富者可以为法；

读《论语》齐景公一章，贫者可以自兴。

舍不得钱，不能为义士；舍不得命，不能为忠臣。

▸读《论语》公子荆一章：《论语·子路》："子谓卫公子荆：善居室。始有，曰：'苟合矣。'少有，曰：'苟完矣。'富有，曰：'苟美矣。'"公子荆擅长治家，对钱财不贪婪，能知足常乐。

▸读《论语》齐景公一章：《论语·季氏》："齐景公有马千驷，死之日，民无德而称焉。伯夷、叔齐饿于首阳之下，民到于今称之。"齐景公有上千匹马，死后却没有人称赞；而伯夷、叔齐饿死于首阳山下，人们至今称颂他们。

第六三则

富贵易生祸端，必忠厚谦恭，才无大患；

衣禄原有定数，必节俭简省，乃可久延。

第六四则

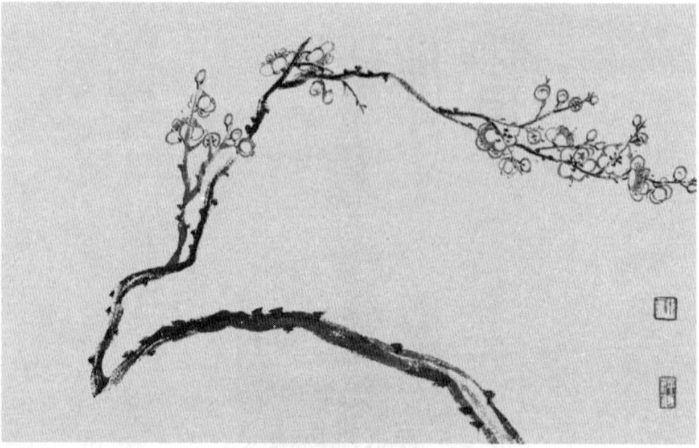

作善降祥，不善降殃，

可见尘世之间已分天堂地狱；

人同此心，心同此理，

可知庸愚之辈不隔圣域贤关。

▸圣域贤关：圣贤的境界。

第六五则

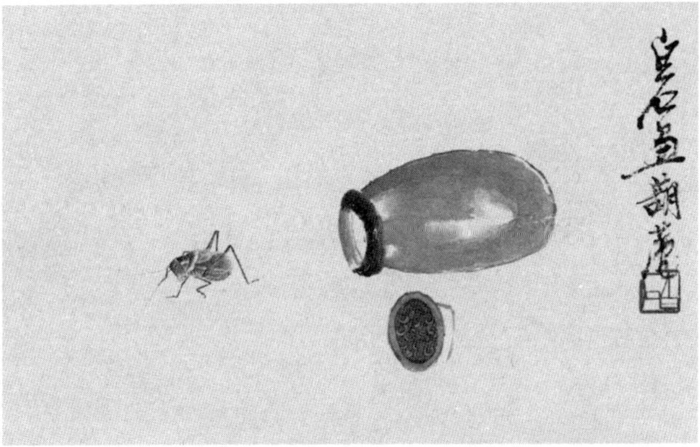

和平处事，勿矫俗以为高；

正直居心，勿设机以为智。

第六六则

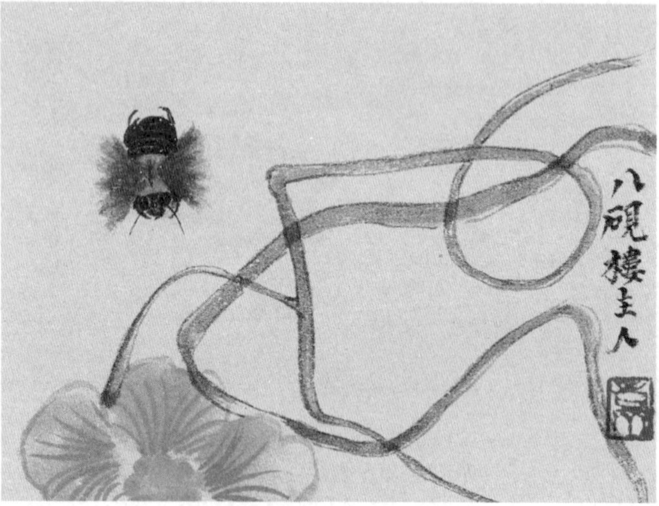

君子以名教为乐，岂如嵇阮之逾闲；

圣人以悲悯为心，不取沮溺之忘世。

▶名教：指以正名定分为中心的封建礼教。

▶嵇阮：嵇康与阮籍，二人皆为魏晋名士，放达不羁，不拘礼法。

▶沮溺：长沮与桀溺，二人皆为春秋时期的隐士。

第六七则

纵容子孙偷安，其后必至耽酒色而败门庭；

专教子孙谋利，其后必至争赀财而伤骨肉。

▶耽：沉溺。

▶赀（zī）财：钱财。

第六八则

谨守父兄教条，沉实谦恭，便是醇潜子弟；

不改祖宗成法，忠厚勤俭，定为悠久人家。

▶醇潜：淳厚而深沉。

第六九则

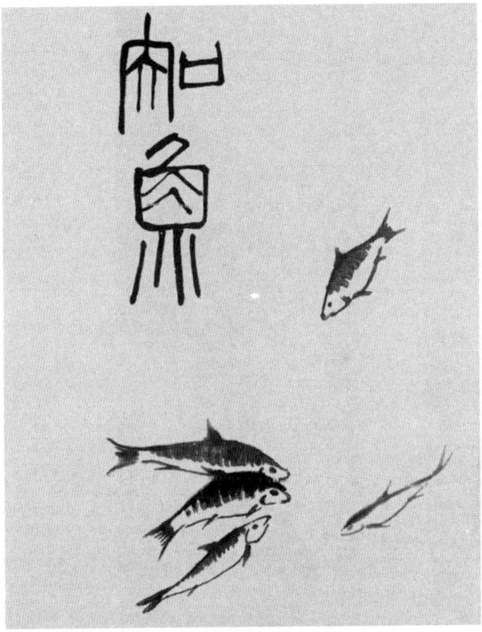

莲朝开而暮合，至不能合，则将落矣；

富贵而无收敛意者，尚其鉴之。

草春荣而冬枯，至于极枯，则又生矣；

困穷而有振兴志者，亦如是也。

第七〇则

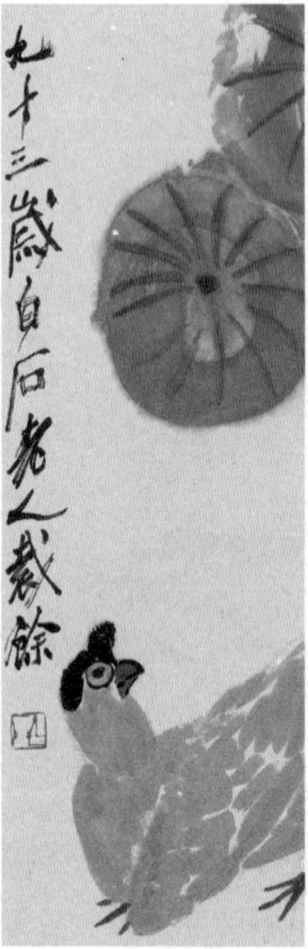

“伐”字从戈，“矜”字从矛，自伐自矜者，可为大戒；“仁”字从人，“义”字从我，讲仁讲义者，不必远求。

第七一则

家纵贫寒，也须留读书种子；

人虽富贵，不可忘稼穑艰辛。

▶稼穑（sè）：播种与收获，泛指农事。

第七二则

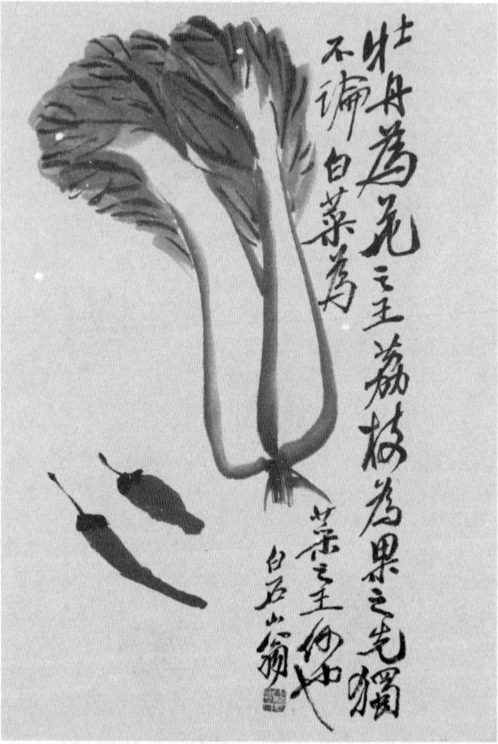

俭可养廉，觉茅舍竹篱，自饶清趣；

静能生悟，即鸟啼花落，都是化机。

一生快活皆庸福，万种艰辛出伟人。

第七三则

济世虽乏赀财，而存心方便，即称长者；

生资虽少智慧，而虑事精详，即是能人。

第七四则

一室闲居，必常怀振卓心，才有生气；
同人聚处，须多说切直话，方见古风。

第七五则

观周公之不骄不吝，有才何可自矜；

观颜子之若无若虚，为学岂容自足。

门户之衰，总由于子孙之骄惰；

风俗之坏，多起于富贵之奢淫。

▶周公：又称周公旦，西周政治家。武王去世后，成王年幼，由周公辅政。

第七六则

孝子忠臣，是天地正气所钟，鬼神亦为之呵护；
圣经贤传，乃古今命脉所系，人物悉赖以裁成。

第七七则

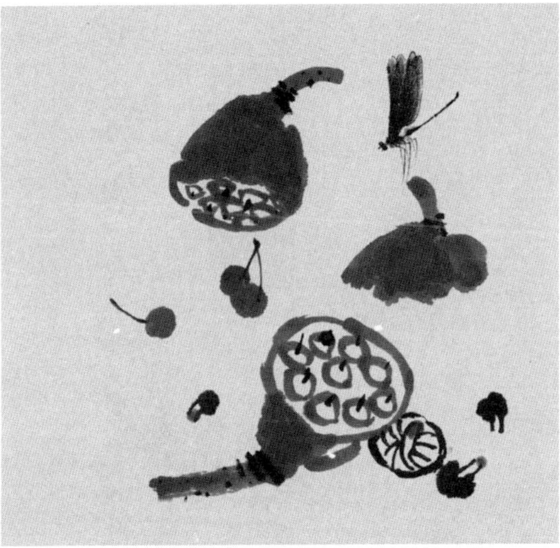

饱暖人所共羡，然使享一生饱暖，而气昏志惰，岂足有为？饥寒人所不甘，然必带几分饥寒，则神紧骨坚，乃能任事。

第七八则

愁烦中具潇洒襟怀，满抱皆春风和气；

暗昧处见光明世界，此心即白日青天。

第七九则

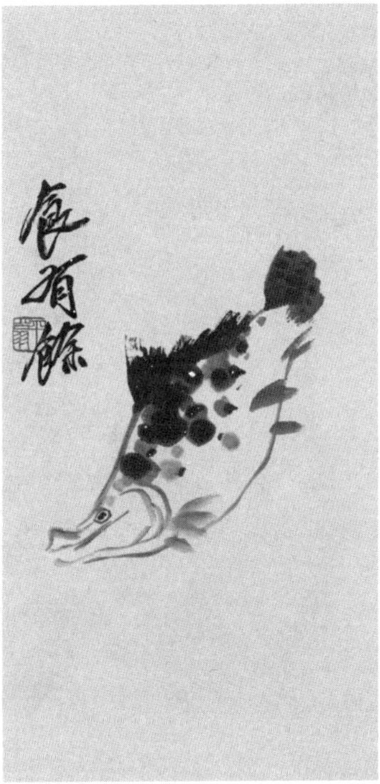

势利人装腔作调，都只在体面上铺张，可知其百为皆假；虚浮人指东画西，全不问身心内打算，定卜其一事无成。

第八〇则

不忮不求，可想见光明境界；
勿忘勿助，是形容涵养功夫。

▶不忮（zhì）不求：不嫉妒，不贪求。忮，嫉妒。

第八一则

数▲虽有定，而君子但求其理，理既得，数亦难违；变固宜防，而君子但守其常，常无失，变亦能御。

▶数：气数，命运。

第八二则

和为祥气，骄为衰气，相人者不难以一望而知；
善是吉星，恶是凶星，推命者岂必因五行而定？

▸五行：我国古代的一种物质观。古人认为世界上的物质由金、木、水、火、土构成。

第八三则

人生不可安闲，有恒业，才足收放心；

日用必须简省，杜奢端，即以昭俭德。

第八四则

成大事功，全仗着秤心斗胆；

有真气节，才算得铁面铜头。

第八五则

但责己，不责人，此远怨之道也；

但信己，不信人，此取败之由也。

第八六则

无执滞心，才是通方士；
有做作气，便非本色人。

▸执滞：固执。

▸通方士：通达事理的人。

第八七则

耳目口鼻，皆无知识之辈，全靠着心作主人；
身体发肤，总有毁坏之时，要留个名称后世。

第八八则

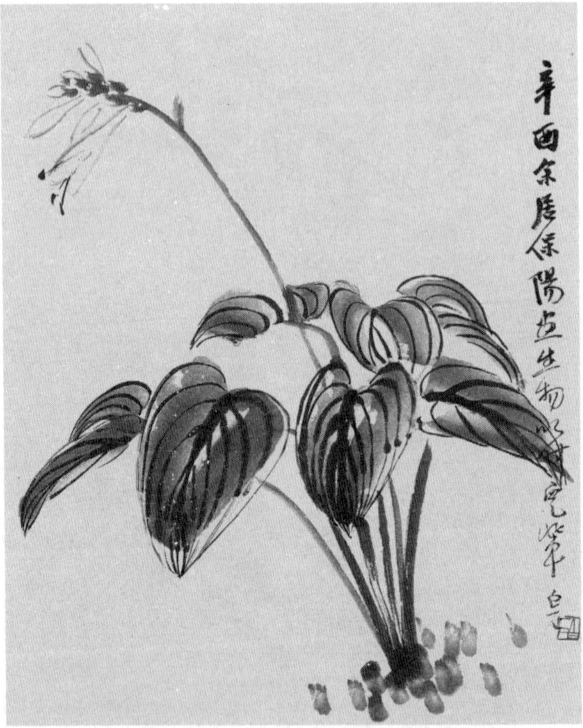

有生资，不加学习，气质究难化也；

慎大德，不矜细行，形迹终可疑也。

第八九则

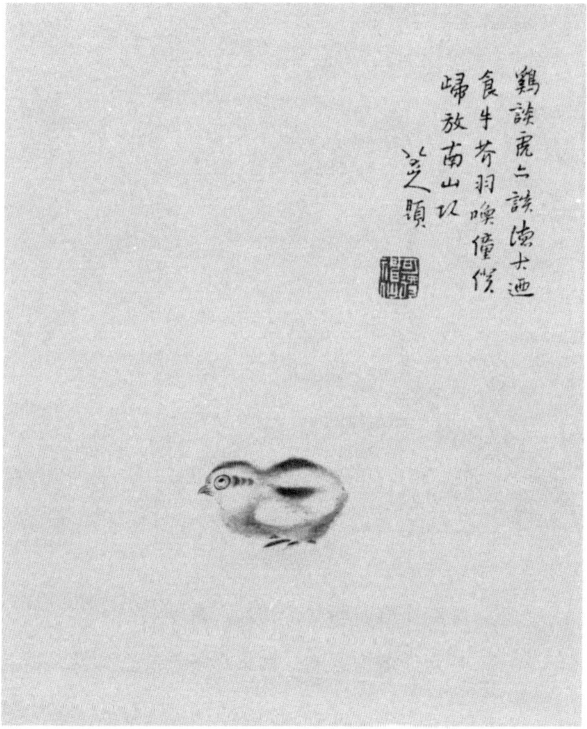

世风之狡诈多端，到底忠厚人颠扑不破；

末俗以繁华相尚，终觉冷淡处趣味弥长。

▶颠扑不破：无论怎样摔打都破不了。比喻理论正确，不会被推翻。扑，敲。

▶末俗：末世的习俗。

第九〇则

能结交直道朋友，其人必有令名；

肯亲近耆德老成，其家必多善事。

▸令名：美好的名声。

▸耆（qí）德老成：德高望重的老人。耆，旧指六十岁以上的人，泛指老人。

第九一则

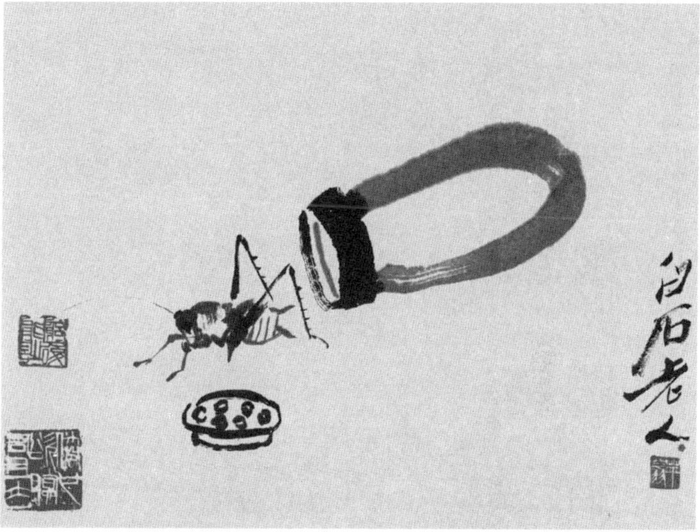

为乡邻解纷争，使得和好如初，即化人之事也；

为世俗谈因果，使知报应不爽，亦劝善之方也。

第九二则

发达虽命定，亦由肯做功夫；

福寿虽天生，还是多积阴德。

第九三则

常存仁孝心，则天下凡不可为者皆不忍为，所以孝居百行之先；一起邪淫念，则生平极不欲为者皆不难为，所以淫是万恶之首。

第九四则

自奉必减几分方好，处世能退一步为高。

第九五则

守分安贫，何等清闲，而好事者偏自寻烦恼；

持盈保泰，总须忍让，而恃强者乃自取灭亡。

▸持盈保泰：处于极盛之时，要谦虚谨慎以保平安。

第九六则

人生境遇无常，须自谋吃饭之本领；

人生光阴易逝，要早定成器之日期。

第九七则

川学海而至海，故谋道者不可有止心；

莠非苗而似苗，故穷理者不可无真见。

▸川：河流。

▸莠（yǒu）：野草名，穗有毛，跟谷子很像。

第九八则

守身必谨严，凡足以戕吾身者宜戒之；

养心须淡泊，凡足以累吾心者勿为也。

▸戕（qiāng）：伤害。

第九九则

人之足传，在有德，不在有位；

世所相信，在能行，不在能言。

第一〇〇则

与其使乡党有誉言，不如令乡党无怨言；

与其为子孙谋产业，不如教子孙习恒业。

第一〇一则

多记先正格言，胸中方有主宰；
闲看他人行事，眼前即是规箴。

▶先正：前代的贤人。

第一〇二则

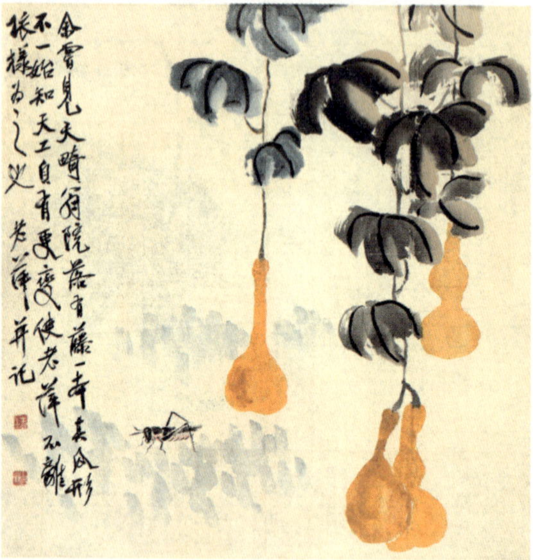

陶侃运甓官斋，其精勤可企而及也；

谢安围棋别墅，其镇定非学而能也。

▶陶侃运甓（pì）官斋：晋时太尉陶侃常常早上把砖从屋子里搬出去，晚上又搬回来。日复一日，不知疲倦。人们看见后不解其意，便问其缘由。陶侃回答说，恐怕悠闲惯了，将来不能干一番大事。后人用来形容励志勤力，不畏往复。

▶谢安围棋别墅：东晋时，苻坚率八十万大军逼来，谢玄前来问计，谢安没有一点惧色，下令前往山间别墅。当亲朋好友到来时，谢安和谢玄却下起棋来，以别墅为赌注。平时，谢安下不过谢玄，但是这天谢玄心有所惧，就输给了谢安。后人用来形容从容镇定，举重若轻。

第一〇三则

但患我不肯济人，休患我不能济人；

须使人不忍欺我，勿使人不敢欺我。

第一〇四则

何谓享福之人？能读书者便是。

何谓创家之人？能教子者便是。

第一〇五则

子弟天性未漓，教易入也，

则体孔子之言以劳之，勿溺爱以长其自肆之心。

子弟习气已坏，教难行也，

则守孟子之言以养之，勿轻弃以绝其自新之路。

▶漓：浅薄。

第一〇六则

忠实而无才，尚可立功，心志专一也；

忠实而无识，必至偾事，意见多偏也。

▸偾（fèn）：毁坏、败坏。

第一〇七则

人虽无艰难之时，却不可忘艰难之境；

世虽有侥幸之事，断不可存侥幸之心。

第一〇八则

心静则明，水止乃能照物；

品超斯远，云飞而不碍空。

第一〇九则

清贫乃读书人顺境，

节俭即种田人丰年。

第一一〇则

正而过则迂，直而过则拙，故迂拙之人犹不失为正直；

高或入于虚，华或入于浮，而虚浮之士究难指为高华。

第一一一则

人知佛老为异端，不知凡背乎经常者，皆异端也；

人知杨墨为邪说，不知凡涉于虚诞者，皆邪说也。

▸佛老：佛教与老子的学说。

▸杨墨：以杨朱和墨翟为代表的学说。杨朱，战国时哲学家，主张“贵生”“重己”。墨翟，战国时哲学家，墨家学派的创始人，主张“兼爱”“非攻”。

第一一二则

图功未晚，亡羊尚可补牢；

浮慕无成，羡鱼何如结网。

▸浮慕：凭空羡慕。

第一一三则

道本足于身，切实求来，则常若不足矣；

境难足于心，尽行放下，则未有不足矣。

第一一四则

读书不下苦功，妄想显荣，岂有此理？

为人全无好处，欲邀福庆，从何得来？

第一一五则

才觉己有不是，便决意改图，此立志为君子也；明知人议其非，偏肆行无忌，此甘心做小人也。

第一一六则

淡中交耐久，静里寿延长。

第一一七则

凡遇事物突来，必熟思审处，恐贻后悔；

不幸家庭衅起，须忍让曲全，勿失旧欢。

▶衅：争端。

第一一八则

聪明勿使外散，古人有纩以塞耳，旒以蔽目者矣；

耕读何妨兼营，古人有出而负耒，入而横经者矣。

▶纩（kuàng）：棉絮。

▶旒（liú）：古时冠冕前后垂下的玉串。

▶耒（lěi）：古代的一种农具，形状像木叉。

第一一九则

身不饥寒，天未尝负我；

学无长进，我何以对天。

第一二〇则

不与人争得失，惟求己有知能。

第一二一则

为人循矩度，而不见精神，则登场之傀儡也；做事守章程，而不知权变，则依样之葫芦也。

第一二二则

文章是山水化境，富贵乃烟云幻形。

第一二三则

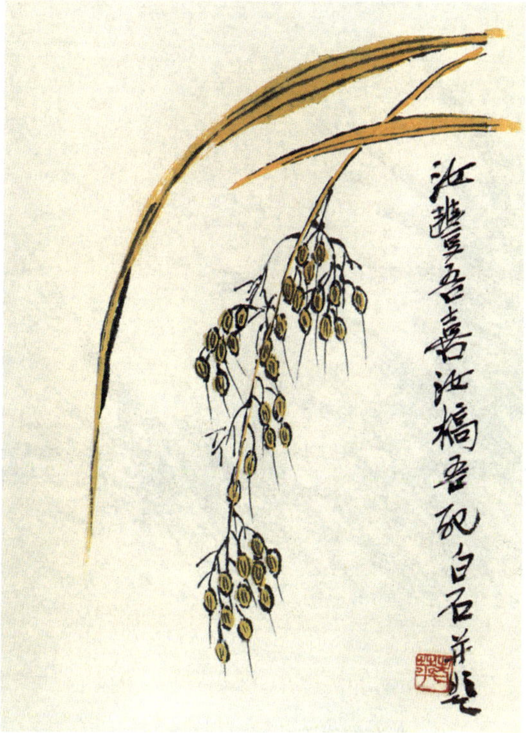

郭林宗为人伦之鉴，多在细微处留心；

王彦方化乡里之风，是从德义中立脚。

▸郭林宗：郭泰，东汉名士。他虽褒贬人物，却不危言骇论，所以不在禁锢之列，后为避祸而闭门教授。

▸王彦方：王烈，三国时期风云人物，拜当时名士陈寔（shí）为师。他因品德高尚而闻名，善以德行感化乡里。

第一二四则

天下无憨人，岂可妄行欺诈；
世上皆苦人，何能独享安闲。

第一二五则

甘受人欺，定非懦弱；

自谓予智，终是糊涂。

第一二六则

漫夸富贵显荣，功德文章要可传诸后世；

任教声名煊赫，人品心术不能瞒过史官。

▸煊赫：形容名声很大，声势极盛。

第一二七则

神传于目，而目则有胞，闭之可以养神也；

祸出于口，而口则有唇，阖之可以防祸也。

▸胞：指上下眼皮。

第一二八则

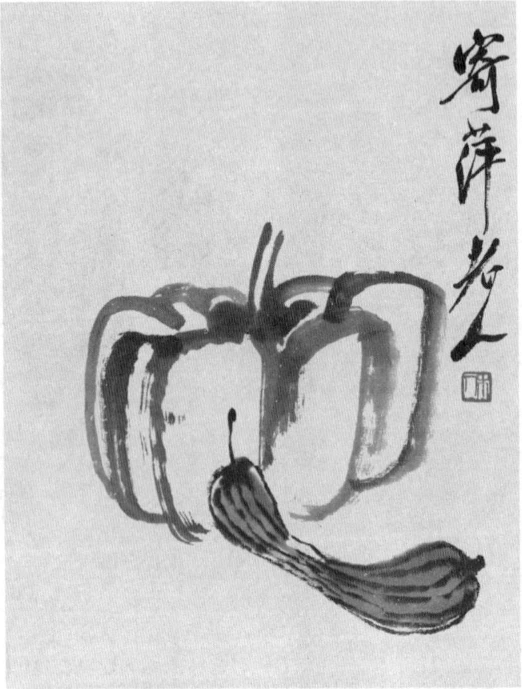

富家惯习骄奢，最难教子；

寒士欲谋生活，还是读书。

第一二九则

人犯一“苟”字，便不能振；

人犯一“俗”字，便不可医。

第一三〇则

有不可及之志，必有不可及之功；

有不忍言之心，必有不忍言之祸。

第一三一则

事当难处之时，只让退一步，便容易处矣；

功到将成之候，若放松一着，便不能成矣。

第一三二则

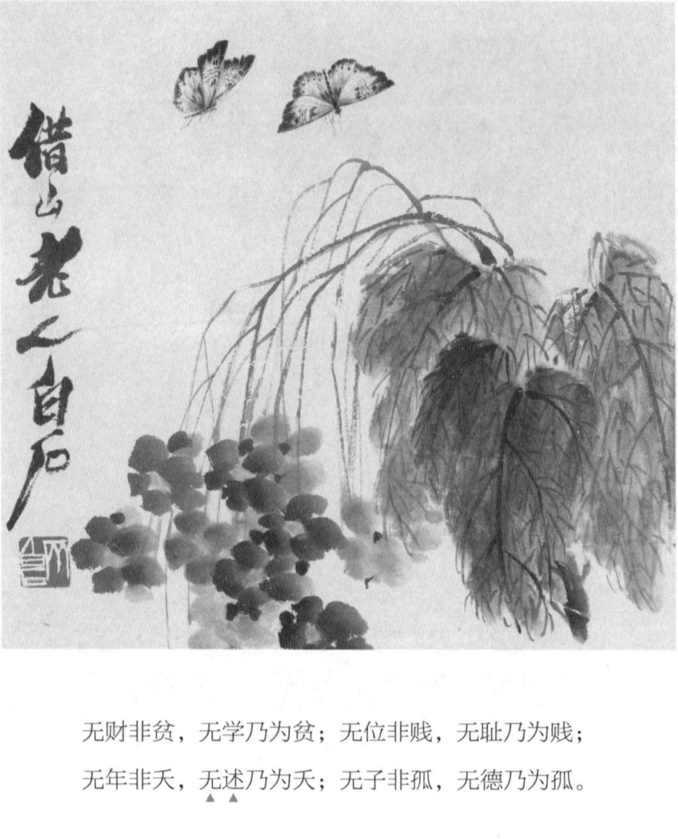

无财非贫，无学乃为贫；无位非贱，无耻乃为贱；

无年非夭，无述乃为夭；无子非孤，无德乃为孤。

▶无述：没有值得称述的。

第一三三则

知过能改，便是圣人之徒；

恶恶太严，终为君子之病。

第一三四则

士必以诗书为性命，人须从孝悌立根基。

第一三五则

德泽太薄，家有好事，未必是好事，得意者何可自矜？

天道最公，人能苦心，断不负苦心，为善者须当自信。

第一三六则

把自己太看高了，便不能长进；

把自己太看低了，便不能振兴。

第一三七则

古今有为之士，皆不轻为之士；

乡党好事之人，必非晓事之人。

第一三八则

偶缘为善受累，遂无意为善，是因噎废食也；

明识有过当规，却讳言有过，是讳疾忌医也。

第一三九则

宾入幕中，皆沥胆披肝之士；

客登座上，无焦头烂额之人。

第一四〇则

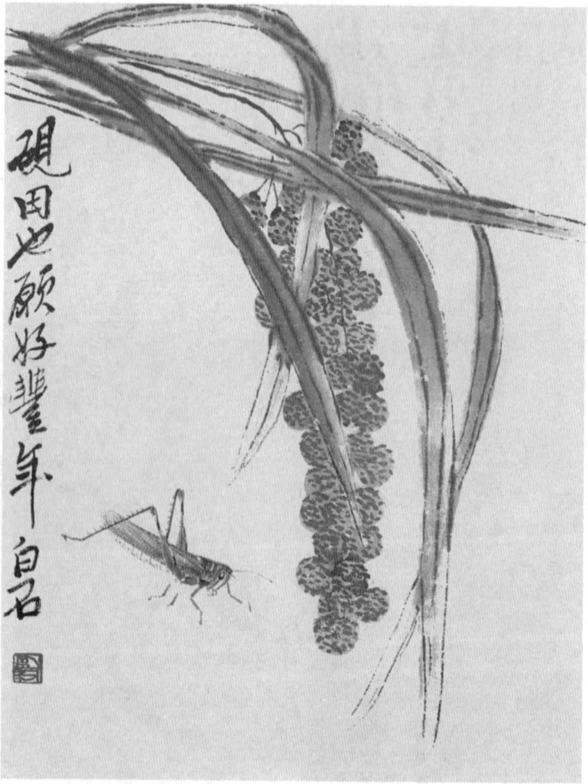

地无余利，人无余力，是种田两句要言；

心不外驰，气不外浮，是读书两句真诀。

第一四一则

成就人才，即是栽培子弟；

暴殄天物，自应折磨儿孙。

▸殄（tiǎn）：灭绝。

第一四二则

和气迎人，平情应物；

抗心希古，藏器待时。

▶抗心希古：心志高尚，仰慕古人。意思是以古代贤者的高尚心志勉励自己。

▶器：此处指人的才能。

第一四三则

矮板凳，且坐着；

好光阴，莫错过。

第一四四则

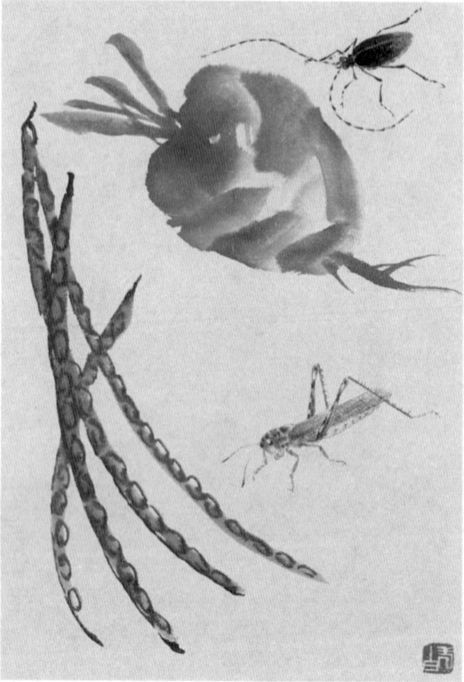

天地生人，都有一个良心；

苟丧此良心，则其去禽兽不远矣。

圣贤教人，总是一条正路；

若舍此正路，则常行荆棘之中矣。

第一四五则

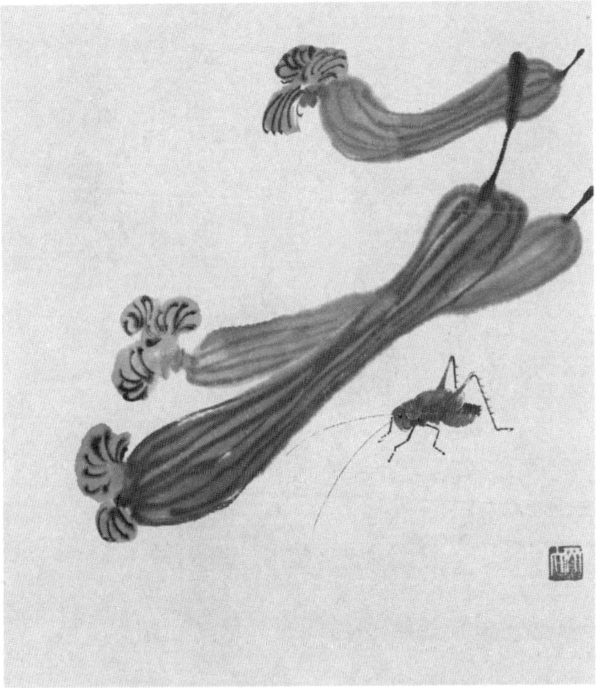

世之言乐者，但曰读书乐，田家乐；

可知务本业者，其境常安。

古之言忧者，必曰天下忧，廊庙忧；

可知当大任者，其心良苦。

▸廊庙：本指庙堂，后引申指国家大事。

第一四六则

天虽好生，亦难救求死之人；

人能造福，即可邀悔祸之天。

第一四七则

薄族者，必无好儿孙；

薄师者，必无佳子弟；君所见亦多矣。

恃力者，忽逢真敌手；

恃势者，忽逢大对头；人所料不及也。

第一四八则

为学不外“静”“敬”二字，

教人先去“骄”“惰”二字。

第一四九则

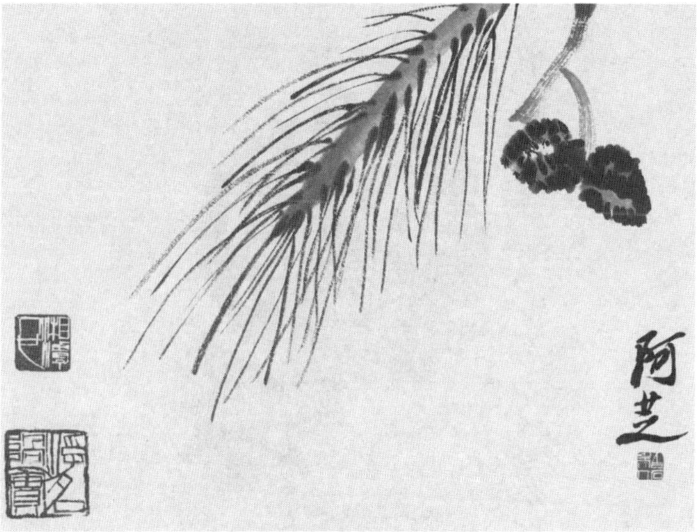

人得一知己，须对知己而无惭；

士既多读书，必求读书而有用。

第一五〇则

以直道教人，人即不从，而自反无愧，切勿曲以求荣也；以诚心待人，人或不谅，而历久自明，不必急于求白也。

第一五一则

粗粝能甘，必是有为之士；

纷华不染，方称杰出之人。

第一五二则

性情执拗之人，不可与谋事也；

机趣流通之士，始可与言文也。

第一五三则

不必于世事件件皆能，惟求与古人心心相印。

第一五四则

夙夜所为，得无抱惭于衾影；

光阴已逝，尚期收效于桑榆。

▸衾影：语出北齐刘昼《刘子·慎独》：“独立不惭影，独寝不愧衾。”比喻为人光明磊落，问心无愧。

▸桑榆：晚年。

第一五五则

念祖考创家基，不知栉风沐雨，受多少苦辛，

才能足食足衣，以贻后世；

为子孙计长久，除却读书耕田，恐别无生活，

总期克勤克俭，毋负先人。

▸祖考：祖先。

▸栉（zhì）风沐雨：风梳发，雨洗头，形容奔波劳苦。

第一五六则

但作里中不可少之人，便为于世有济；

必使身后有可传之事，方为此生不虚。

▸里中：乡里。

第一五七则

齐家先修身，言行不可不慎；

读书在明理，识见不可不高。

第一五八则

桃实之肉暴于外，不自吝惜，人得取而食之；

食之而种其核，犹饶生气焉，此可见积善者有余庆也。

栗实之肉秘于内，深自防护，人乃破而食之；

食之而弃其壳，绝无生理矣，此可知多藏者必厚亡也。

第一五九则

求备之心，可用之以修身，不可用之以接物；

知足之心，可用之以处境，不可用之以读书。

第一六〇则

有守虽无所展布，而其节不挠，故与有猷有为而并重；立言即未经起行，而于人有益，故与立功立德而并传。

▸猷（yóu）：道义，法则。

第一六一则

遇老成人，便肯殷殷求教，则向善必笃也；

听切实话，觉得津津有味，则进德可期也。

第一六二则

有真性情，须有真涵养；

有大识见，乃有大文章。

第一六三则

为善之端无尽，只讲一“让”字，便人人可行；

立身之道何穷，只得一“敬”字，便事事皆整。

第一六四则

自己所行之是非，尚不能知，安望知人；

古人以往之得失，且不必论，但须论己。

第一六五则

治术必本儒术者，念念皆仁厚也；

今人不及古人者，事事皆虚浮也。

第一六六则

莫大之祸，起于须臾之不忍，不可不谨。

第一六七则

家之长幼，皆倚赖于我，我亦尝体其情否也？

士之衣食，皆取资于人，人亦曾受其益否也？

第一六八则

富不肯读书，贵不肯积德，错过可惜也；

少不肯事长，愚不肯亲贤，不祥莫大焉。

第一六九则

自虞廷立五伦为教，然后天下有大经；

自紫阳集四子成书，然后天下有正学。

▶虞廷：虞舜之世。

▶紫阳：南宋理学大家朱熹。

第一七〇则

意趣清高，利禄不能动也；

志量远大，富贵不能淫也。

第一七一则

最不幸者，为势家女作翁姑；

最难处者，为富家儿作师友。

第一七二则

钱能福人，亦能祸人，有钱者不可不知；

药能生人，亦能杀人，用药者不可不慎。

第一七三则

凡事勿徒委于人，必身体力行，方能有济；

凡事不可执于己，必广思集益，乃罔后艰。

▶罔：无，没有。

第一七四则

耕读固是良谋，必工课无荒，乃能成其业；

仕宦虽称显贵，若官箴有玷，亦未见其荣。

第一七五则

儒者多文为富，其文非时文也；

君子疾名不称，其名非科名也。

第一七六则

“博学笃志，切问近思”，此八字，是收放心的功夫；“神闲气静，智深勇沉”，此八字，是干大事的本领。

第一七七则

何者为益友？凡事肯规我之过者是也。

何者为小人？凡事必徇己之私者是也。

第一七八则

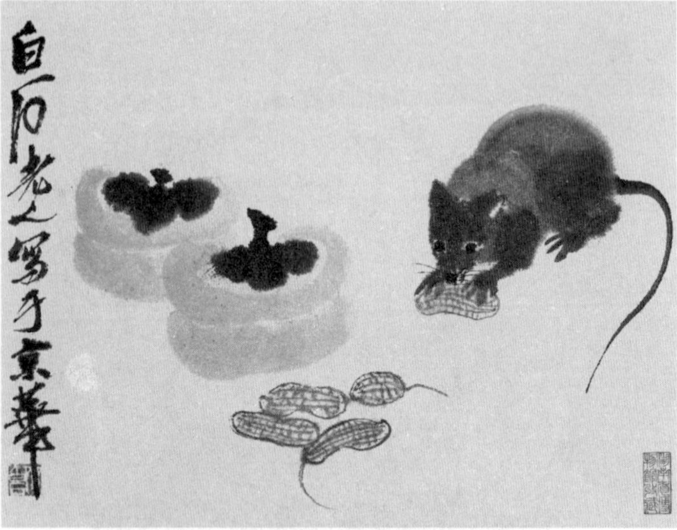

待人宜宽，惟待子孙不可宽；

行礼宜厚，惟行嫁娶不必厚。

第一七九则

事但观其已然，便可知其未然；

人必尽其当然，乃可听其自然。

第一八〇则

观规模之大小，可以知事业之高卑；

察德泽之浅深，可以知门祚之久暂。

▸门祚（zuò）：家世。

第一八一则

义之中有利，而尚义之君子，初非计及于利也；

利之中有害，而趋利之小人，并不顾其为害也。

第一八二则

小心谨慎者，必善其后，畅则无咎也；

高自位置者，难保其终，亢则有悔也。

第一八三则

耕所以养生，读所以明道，此耕读之本原也，

而后世乃假以谋富贵矣；

衣取其蔽体，食取其充饥，此衣食之实用也，

而时人乃借以逞豪奢矣。

第一八四则

人皆欲贵也，请问一官到手，怎样施行？

人皆欲富也，且问万贯缠腰，如何布置？

第一八五则

文、行、忠、信，孔子立教之目也，今惟教以文而已；志道、据德、依仁、游艺，孔门为学之序也，今但学其艺而已。

第一八六则

隐微之衍，即干宪典，所以君子怀刑也；

技艺之末，无益身心，所以君子务本也。

▸衍：过失。

▸干：违反。

▸怀刑：敬畏刑律而守法。

第一八七则

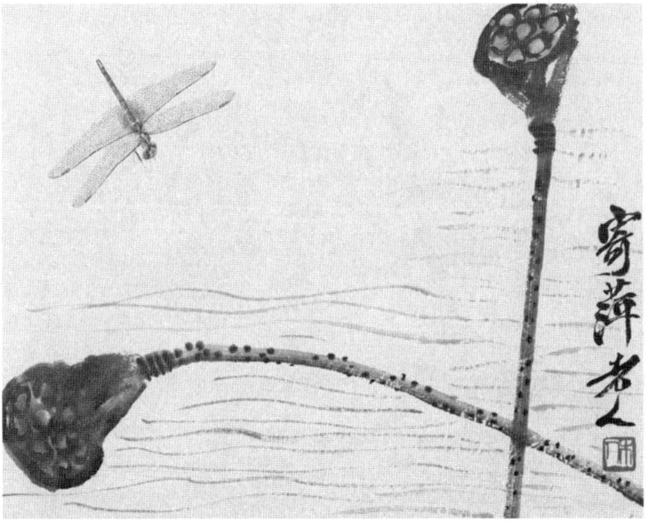

士既知学，还恐学而无恒；

人不患贫，只要贫而有志。

第一八八则

用功于内者，必于外无所求；

饰美于外者，必其中无所有。

第一八九则

盛衰之机，虽关气运，而有心者必贵诸人谋；

性命之理，固极精微，而讲学者必求其实用。

第一九〇则

鲁如曾子，于道独得其传，可知资性不足限人也；
贫如颜子，其乐不因以改，可知境遇不足困人也。

▸曾子：曾参，春秋时鲁国人，孔子弟子。

第一九一则

敦厚之人，始可托大事，故安刘氏者，必绛侯也；

谨慎之人，方能成大功，故兴汉室者，必武侯也。

▸绛侯：周勃，西汉开国功臣。汉高祖刘邦去世后，吕后独掌大权，封赏外戚。吕后去世后，周勃与陈平等人诛灭吕氏势力，迎代王刘恒即位，即汉文帝。

▸武侯：诸葛亮，帮助刘备建立蜀汉政权，联吴抗曹，促成魏、蜀、吴三国鼎立的局面，死后谥忠武侯。

第一九二则

以汉高祖之英明，知吕后必杀戚姬，而不能救止，盖其祸已成也；以陶朱公之智计，知长男必杀仲子，而不能保全，殆其罪难宥乎？

▸ “以汉高祖”句：汉高祖刘邦因宠爱戚夫人，欲废吕后子刘盈之太子位，改立戚夫人之子如意，后为吕后所设计破解。汉高祖去世，刘盈即位，是为汉惠帝，吕后掌权，杀害了戚夫人及其子赵王刘如意。

▸ “以陶朱公”句：春秋时范蠡次子因杀人将被处死，范蠡欲使少子救之，其长子坚决要去，范蠡予其千金嘱托他找庄生帮忙。庄生设法让楚王大赦，范蠡长子不知大赦是庄生设计所致，向庄生索还千金。庄生怒，令楚王杀死范蠡次子后，方才大赦。范蠡长子终因吝惜钱财而致其弟死。陶朱公，范蠡，春秋时越国大夫，弃官从商后居于陶地，自称陶朱公。

第一九三则

处世以忠厚人为法，传家得勤俭意便佳。

第一九四则

紫阳补《大学·格致》之章，恐人误入虚无，

而必使之即物穷理，所以维正教也；

阳明取孟子良知之说，恐人徒事记诵，

而必使之反己省心，所以救末流也。

▶阳明：王守仁，明代哲学家、思想家，世称“王阳明”。

第一九五则

人称我善良则喜，称我凶恶则怒，

此可见凶恶非美名也，即当立志为善良；

我见人醇谨则爱，见人浮躁则恶，

此可见浮躁非佳士也，何不反身为醇谨。

第一九六则

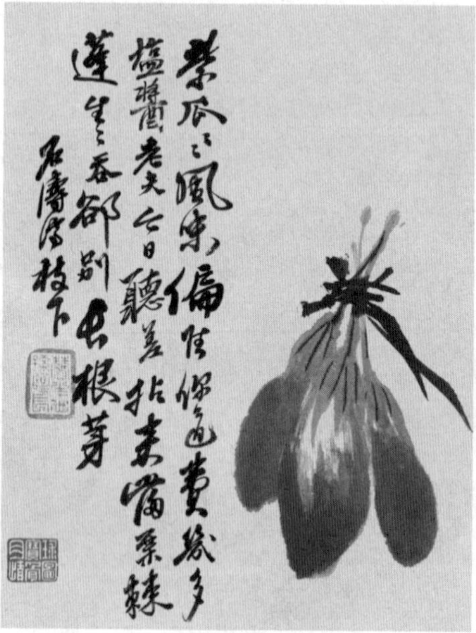

处事宜宽平，而不可有松散之弊；

持身贵严厉，而不可有激切之形。

第一九七则

天有风雨，人以宫室蔽之；地有山川，人以舟车通之。

是人能补天地之阙也，而可无为乎？

人有性理，天以五常赋之；人有形质，地以六谷养之。

是天地且厚人之生也，而可自薄乎？

第一九八则

人之生也直，人苟欲生，必全其直；

贫者士之常，士不安贫，乃反其常。

进食需箸，而箸亦只悉随其操纵所使，于此可悟用人之方；

作书需笔，而笔不能必其字画之工，于此可悟求己之理。

第一九九则

家之富厚者，积田产以遗子孙，子孙未必能保；

不如广积阴功，使天眷其德，或可少延。

家之贫穷者，谋奔走以给衣食，衣食未必能充；

何若白谋本业，知民生在勤，定当有济。

第二〇〇则

言不可尽信，必揆诸理；

事未可遽行，必问诸心。

▸揆（kuí）：揣度，判断。

第二〇一则

兄弟相师友，天伦之乐莫大焉；

闺门若朝廷，家法之严可知也。

第二〇二则

友以成德也，人而无友，则孤陋寡闻，德不能成矣；

学以愈愚也，人而不学，则昏昧无知，愚不能愈矣。

第二〇三则

明犯国法，罪累岂能幸逃？

白得人财，赔偿还要加倍。

第二〇四则

浪子回头，仍不惭为君子；

贵人失足，便贻笑于庸人。

第二〇五则

饮食男女，人之大欲存焉，然人欲既胜，天理或亡。

故有道之士，必使饮食有节，男女有别。

第二〇六则

东坡《志林》有云：“人生耐贫贱易，耐富贵难；安勤苦易，安闲散难；忍疼易，忍痒难；能耐富贵、安闲散、忍痒者，必有道之士也。”余谓如此精爽之论，足以发人深省，正可于朋友聚会时，述之以助清谈。

第二〇七则

余最爱《草庐日录》有句云："澹如秋水贫中味，和若春风静后功。"读之觉矜平躁释，意味深长。

▸《草庐日录》：明代思想家吴与弼著。

第二〇八则

敌加于己，不得已而应之，谓之应兵，兵应者胜；利人土地，谓之贪兵，兵贪者败。此魏相论兵语也。然岂独用兵为然哉？凡人事之成败，皆当作如是观。

第二〇九则

凡人世险奇之事，决不可为，或为之而幸获其利，特偶然耳，不可视为常然也。可以为常者，必其平淡无奇，如耕田读书之类是也。

第二一〇则

忧先于事故能无忧，事至而忧无救于事，此唐史李绛语也。其警人之意深矣，可书以揭诸座右。

▸李绛：字深之，唐代政治家，元和中拜相。

▸揭诸座右：写在座位的右边，即座右铭。

第二一一则

尧、舜大圣，而生朱、均；瞽、鲧至愚，而生舜、禹。揆以余庆余殃之理，似觉难凭。然尧、舜之圣，初未尝因朱、均而灭。瞽、鲧之愚，亦不能因舜、禹而掩，所以人贵自立也。

▸朱、均：尧的儿子丹朱与舜的儿子商均，二人均无治国才能，因此尧禅位于舜，舜禅位于禹。

▸瞽（gǔ）、鲧（gǔn）：瞽，舜的父亲；鲧，禹的父亲。

第二一二则

程子教人以静，朱子教人以敬，静者心不妄动之谓也，敬者心常惺惺之谓也。又况静能延寿，敬则日强，为学之功在是，养生之道亦在是，静敬之益人大矣哉，学者可不务乎？

▶程子：北宋理学家程颐。

第二一三则

卜筮以龟筮为重，故必龟从筮从乃可言吉。若二者有一不从，或二者俱不从，则宜其有凶无吉矣。乃《洪范》稽疑之篇，则于龟从筮逆者，仍曰作内吉。于龟筮共逆于人者，仍曰用静吉。是知吉凶在人，圣人之垂戒深矣。人诚能作内而不作外，用静而不用作，循分守常，斯亦安往而不吉哉！

▶卜筮（shì）：古时占卜，用龟甲称卜，用蓍（shī）草称筮，合称卜筮。

▶《洪范》：相传，周武王灭商后，箕子向周武王陈述天地之大法，提出了帝王治理国家必须遵守的九种根本大法，后传录为《洪范》。第七种为稽疑。

第二一四则

每见勤苦之人绝无痨疾，显达之士多出寒门，此亦盈虚消长之机，自然之理也。

第二一五则

欲利己，便是害己；

肯下人，终能上人。

第二一六则

古之克孝者多矣，独称虞舜为大孝，盖能为其难也；

古之有才者众矣，独称周公为美才，盖能本于德也。

第二一七则

不能缩头者，且休缩头；

可以放手者，便须放手。

第二一八则

居易俟命，见危授命，言命者，总不外顺受其正；

木讷近仁，巧令鲜仁，求仁者，即可知从入之方。

第二一九则

见小利，不能立大功；

存私心，不能谋公事。

第二二〇则

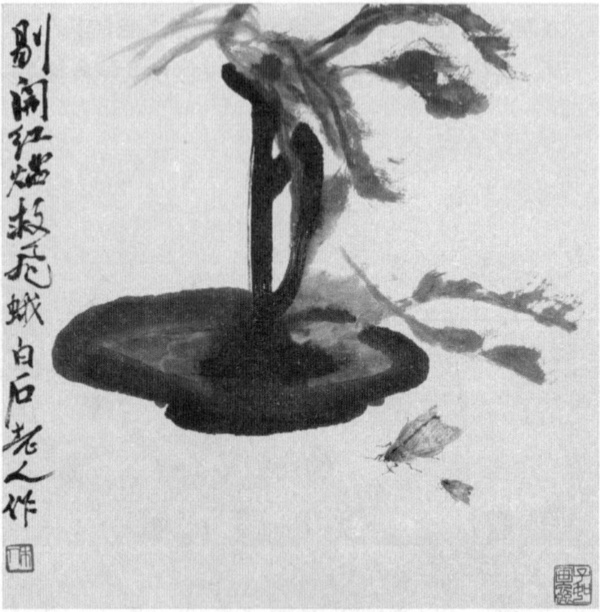

正己为率人之本，守成念创业之艰。

第二二一则

在世无过百年，总要作好人、存好心，留个后代榜样；

谋生各有恒业，那得管闲事、说闲话，荒我正经工夫。